Anonymous

Aechtes Aktenstück des Emser Kongresses

Oder Antwortschreiben seiner hochfürstlichen Gnaden zu Speier

Anonymous

Aechtes Aktenstück des Emser Kongresses
Oder Antwortschreiben seiner hochfürstlichen Gnaden zu Speier

ISBN/EAN: 9783743692350

Hergestellt in Europa, USA, Kanada, Australien, Japan

Cover: Foto ©ninafisch / pixelio.de

Weitere Bücher finden Sie auf **www.hansebooks.com**

Aechtes Aktenstück

des

Emser Kongreßes.

Oder

Antwortschreiben

Seiner Hochfürstlichen Gnaden
zu Speier

an

Seine Kurfürstliche Gnaden
zu Mainz

In Betreff der Emser Punkten.

Mit 2. Beylagen.

1 7 8 7.

Deus, qui errata corrigis, & difperfa con-
gregas, & congregata confervas: quaefumus,
fuper populum Chriftianum tuae unionis gra-
tiam clementer infunde; ut divifione rejecta,
vero Paftori Ecclefiae tuae fe uniens tibi digne
valeat famulari. Per D. N. J. C. Amen. *Oratio*
Miffae ad tollendum fcbifma.

An den geneigten Leser.

Keine der Schriften hat in diesem Jahrhunderte größere Aufmerksamkeit sowohl bey dem römischen Hofe, als auch in der katholischen Kirche und in ganz Deutschlande erreget, als des *Justini Febronii JCti de Statu Ecclesiae & legitima potestate Romani Pontificis liber singularis.* Klemens XIII. hat alle Erz- und Bischöffe Deutschlandes in einem an sie erlassenen Breve vom Jahre 1764 nachdrucksamst ermuntert, dieses Buch aus den Handen ihrer Gemeinde zu entfernen, und ihren Kirchensprengel von dieser Pest zu reinigen (a). Die meisten Erz- und Bischöffe Deutschlandes haben den Justin Febron in ihrem Kirchensprengel verbothen, und der dem päbstlichen Stuhle ganz ergebene Hr. Erzbischoff zu Trier hat den Hn. Weihbischoff von Hontheim, den gelehrten Verfasser dieses Buches, dahin vermögt, daß er seine in seiner Schrift aufgestellte

)(2 Sätze

(a) Hac igitur peste Dioecesin tuam, si forte illuc irrepserit, omni cura perpurgabis & diligentia. *Breve Clementis XIII. S. P.*

Sätze widerrufen (b); und in einem Send-
schreiben an die Geistlichkeit und das Volk
des trierischen Erzb-sthumes das Verboth
seines eigenen Buches angekündet hat (c).
Andere Erz- und Bischöfe ermunterten ihre
Profeßores und Gelehrte dem Justin Febron
eine gelehrte Fehde anzukünden, und mehrere haben die Sätze des Febronius mit
äusserster Hitzigkeit bestritten, widerlegt und
verdammt (d).

Raum

(b) Romanae sedis quasdam praerogativas, &
jura, quae ei vel ab Ecclesia legitime attri-
buta, vel ex ipsa sacrae Hierarchiae indole
atque institutione profluunt, publicisque sanc-
tionibus firmata sunt in controversiam redu-
cere, minuere & obtegnere — — — nec non
quosdam usus curiae, quos aequior animus
facile excusaret, taxare praesumpsimus. Ape-
ruit nobis super his & aliis erroribus ocu-
los Rvdmus & Serenissimus D. Archiepisco-
pus Princeps Elector noster, ostendens nobis,
hos libros idoneos esse ad scindendam ca-
tholicam unitatem *Epistola D. ab Hortheim ad
Clerum & populum Trevirensem. 1779.*

(c) His addimus speciale altefati Serenissimi
& Rmi D. Archiepiscopi mandatum, quo
vobis omnibus lectio aut etiam retentio li-
brorum sub nomine Justini Febronii edito-
rum districte & in virtute S. illius obedien-
tiae, quam ordinario & supremo pastori vestro
debitis, harum tenore literarum interdici-
tur. *Citata Epist.*

(d) Walch in der neuesten Kirchengeschichte S.
147 ꝛc. recensirt die Schriften derenselben.

Kaum sind etliche Jahre verstrichen, hat sich auf einmal das Blatt gewendet, und es sind andere Systeme aufgestellt worden: Schier wie in dem Schulen, das System des Koperniks die Lehre des Tycho verdrungen hat. Nach einer Zeit von 8 Jahren hat man anders zu denken, zu lehren, zu schreiben gelernt. Man hat sich beeifert eben jene Sätze aufzustellen und allenthalben geltend zu machen, welche vorhin von Erz- und Bischöffen, Universitäten, und Gelehrten verworfen worden. Wie abwechslend doch das Schicksal eines Buches ist? Die vier Hn. Erzbischöffe Deutschlandes sind bey dem Emser Kongreße noch weiter gegangen. Sie haben nicht nur allein die meisten Sätze ihrer Punktazionen auf die Grundsätze des Febrons gebaut, sondern man hat sogar dem Pabste alle seine Vorrechte in Bezug der Konkordate, der alternativae mensium &c. &c. gänzlich abgesprochen und ihm den blossen Namen eines Oberhauptes und den Schatten einer Pr. matjurisdiction unter der Vorbildung der Deutschen Freyheit belassen (e). Zur Ver-

)(3   fech-

(e) Es ist unsers Erachtens schwer mit einer Primatjurisdiktion, des Bischoffes von Rom zu verbinden, daß keine seiner Bullen, Breven oder sonstiger Verfügungen ohne gehörige Annahme des Bischoffes verbinden solle. Und was bleibt denn so für den kanonischen Gehorsam übrig, den nach Seite 26 des Emser Resultats alle Christen dem

fechtung diefer Freyheit find auch die übrigen deutfche Bifchöffe aufgefodert worden. Daß der Patriotifmus bey dem Emfer Kongreße die Schranken überfchritten, haben fchon mehrere Sachkündige bemerket. Nach unfern mindeften Ermeffen haben Se. hochfürftliche Gnaden zu Speier Auguft Graf von Styrum fich durch ihr erhabenes Betragen bey dem ganzen Vorgange diefer Sache vorzüglich ausgezeichnet. Höchftdiefelben betratten die Mittelftraße, und wollten bey diefer Verhältniß weder durch Schmälerung der Deutfchen Freyheit dem römifchen Stuhle, weder durch heftige Entreißung der dem Oberhaupte der Kirche anklebenden Vorrechte ihrem Vaterlande ein Opfer bringen. Nichts konnte diefen großen Fürften auf Abwege verleiten der die Lage feines Bißthumes kennt, und nach felber handelt, der ohne alle Nebenabfichten den graden Weg geht, der feinem Plane, welchen er felbft durchgedacht und bearbeitet hat, allzeit getreu verbleibt, und der fern von Syftemen überfpannter Politick dem Befitzftande das Wort fpricht, und in den Lauf der Gefchäfte die Gerechtigkeit bringt, die in feiner großen Seele lebt. Auf diefe Weife verfehlt diefer Fürft niemal feinen Zweck

---

Pabft leiften follen ? die Göttingifche Anzeige von gelehrten Sachen 27 Stück de 17 Febr. 1787 S. 259 :c.

Zweck. Es ist dieses Lob nicht absichtlich oder niedrich schmeichelnd. Es ist Zeugniß der Wahrheit. Den Beweis giebt uns die Antwort, welche Se. hochfürstliche Gnaden zu Speier, an Se. kurfürstliche Gnaden zu Mainz in Betreff der Emser Punkten erlassen, und auch nachhin unter den 18 May anderen Bischöffen und mitbetheiligten Reichsständen ohne Anstand mitgetheilt haben. Es hat diese Schrift nebst einer gut gewählten Präcision das ächte Gepräg einer wahren deutschen Offenherzig- und Freymüthigkeit, und sie ertheilt den besten Vorschlag, daß man den Weg zu gütlichen Verhandlungen und Vorstellungen bey dem römischen Hofe einschlagen, und auf diese Weise jene dem katholischen Publikum so hart auffallende Irrungen beseitigen möchte. Rom wird gewiß sich bey den dermaligen Umständen nachgiebig bezeigen, und um aller Spaltung vorzubeugen, allen billigen Forderungen geneigtes Gehör geben. Von der guten und gerechten Denkungs- und Gemüthsart des dermaligen Pabstes kan man sich alles versprechen (f). Diese vorhin angepriesene deut-

)(4   sche

(f) Zu Rom und in Italien ist wirklich verordnet worden, in der Messe die Kollekte pro avertendo schismate anzuhängen; aus welchem sich leicht ermessen läßt, daß man gerne am übleren Folgen vorzubeugen, einer Unterhandlung die Hände die-

sthe Offenherzigkeit stellt uns auch die aus diesen Irrungen, welche der Emser Kongreß zwischen dem päbstlichen Stuhle und den Erzbischöffen, und zwischen diesen und den Bischöfen angezettelt hat, fließenden schädliche Folgen nachdrucksamst vor Augen. In einer Periode, wo die Grundsätze unbeschränkter Landeshoheit, gegen welche kein Reichsverband noch Privatrecht oder Immunität gelten soll, wo die Diöcesanrechte, die bischöflichen Gerechtsame und die geistlichen Freyheiten theils durch das Placitum territoriale, theils durch angemaßte Befugniß eigene Bischöfe aufzustellen, theils durch aufgedrungene Dominikalsteuer (g) allenthalben wollen angefochten, und unterdrückt werden; sollen sich die kleinen Staaten der Erz- und Bischöffe, statt widrige Beyspiele der Uneinigkeit zu geben, aufs engste mit dem päbstlichen Stuhle und unter sich verbinden. Fehlt dieser Bund, so muß der Schwächere allzeit den Mächtigern nachstehen.

Ueber die Diöcesanrechte werden dermal viele irrige Vorstellungen und nachtheilige Schrif-

___

then, und sich in vielen Stücken ganz willführig erzeigen würde.

(g) Darstellung des Fürstenbandes 1787 Seite 178 neuntes Kapitel Pfalzbaierische Dominikalsteuer.

Schriften verfaßt, welche als Privat Meynungen ihren Weg ungeahndet gehen. Arg-
list und Modeton bringen sie vor die Augen
des Fürstens oder Ministers, welche sie für
ihr System nutzen (h). Die Frage von Befugniß der Einschränkung, oder Tilgung eines
Diöcesanrechtes intereßirt sowohl die Kirche,
und die Würde ihrer Freyheit; sie intereßirt
sechs und siebenzig Prälaten, Fürsten und
Kurfürsten, deren Eigenthum und Reichsstand-
schaft von ihren Diöcesanrechten ausgegan-
gen, und mit ihnen endlich aufhören würden,
und sie werden aufhören — und viele Bißthümer, die durch viele Jahrhunderte aufge-
blüht, und jene unaufhörliche Stürme der

(h) Die Baierischen Kanonisten beeisern sich in diesem Stücke sich besonders auszuzeichnen. Man
lies nur: Briefe eines Baiern über die geist-
liche Gewalt der Bischöfe. Ob man Baie-
rischer Seits bemüßiget und berechtiget sey
eigne Bischöfe aufzustellen? über die Konkordate rc. Item: Die Gerechtsame des Re-
gentes nach dem Bedürfnisse des Staats
eigene Landesbischöfe zu ernennen; auf die
Pfalzbaierische Staaten und die dazu gehörigen Bißthümer angewendet 1787. Lauter
andächtige Nachbether des Bergmanns die in ihrer Gährung des juris regii alles überspannen,
als wenn Privatmeynungen Reichsgesetze vernichten
könnten, und die schon längst widerlegte Sätze
mit dreister Kühnheit gegen die urkundlichsten
Rechte darstellen.

alten eifernen Zeiten durch Religion, Fürsten-
muth und vereinigter Standhaftigkeit glück-
lich überstanden haben, werden in neuern auf-
geklärten Zeiten, da sie die wesentliche Grund-
gesetze der deutschen Freyheit, Konkordaten,
Receßen vor allen sicher stellen, ihre Gerechtsame durch die unter ihnen herrschenden Kollisionen nach und nach verliehren, und gänzlich
zertrümmert werden 2c. 2c. Diese und mehrere
sehr wichtige Bemerkungen liefert uns dieses
Antwortschreiben in Hinsicht auf die Emfer Punktationen.

. Da aber diese sehr interessante Schrift,
die den stärksten Bezug auf das Resultat des
Emfer Kongreßes hat, nur den höchsten Höfen
unmittelbar mitgetheilt worden, so schmeichle
ich mir, daß das Publikum meinen Absichten
vielen Dank wissen werde, wenn ich dieses
ächte Aktenstück des Emfer Kongreßes ge-
meinnütziger mache, und selbes der Preße
überlasse. Einsichtsvolle Gelehrte haben mich
in meinem Vorhaben bestärkt, und meine Absichten gebilligt. Nur muß ich noch die Be-
merkung machen, daß man die Emfer Punkten, welche dieses Antwortschreiben, auf einer
Seite enthält, und auf der andern Seite von
§. zu §. und von Schritt zu Schritt begleitet,
gänzlich hinweg gelaffen hat; weil solche oh-
ne-

nehin Jedermann in Händen hat, und hiedurch dem geneigten Leser die Kosten verrin-
gert werden. Die dem Antwortschreiben
Sr. hochfürstlichen Gnaden zu Speier
anpaſſende Vorrede iſt dieſes Innhalts:

Vorrede.

Kaum ist die kleine Druckschrift unter dem Titel: Resultat des Emser Kongreßes: von den vier deutschen Erzbischöfen unterzeichnet samt genehmigender Antwort Seiner Kaiserl. Majestät in ächten Aktenstücken im Anfange dieses Jahrs erschienen, so sind schon theils durch öffentliche Schriften, theils durch einige Zeitungsblätter äusserst verwegene Gerüchte

nächste über die Gesinnungen, welche
Seine Hochfürstliche Gnaden zu Speier
wegen den Emser Kongreßpunkten ge-
faßet haben sollten, verbreitet worden

Diese Ausstreuungen konnten keine
andere Absicht haben, als vor der Hand
Mißverstand zu erregen, und vielleicht
das in Seine Hochfürstliche Gnaden gesetzte Vertrauen zum voraus zu ver-
mindern, ehe noch Höchstdieselbe ihre
aufrichtige Erklärung über einen jeden
der betreffenden Gegenständen Seiner
Kurfürstlichen Gnaden zu Mainz frey-
müthig zu erkennen gegeben hatten.

Um aber das etwa gefaßte Vor-
urtheil auf einmal zu zerstäuben, so
haben

haben Höchstdieselbe kein Bedenken ge-
tragen, ihre offenherzige Gedanken in
der Art, wie solche nebst den beyge-
fügten Beweggründen mittelst einer
besondern Zuschrift Sr. Kurfürstlichen
Gnaden zu Mainz eröffnet worden,
dem Druck zu übergeben, und zur ge-
schwinden Uibersicht die Emser Punkten selbst, wie sie Ihnen communicirt
worden sind, beysetzen zu lassen.

Hiedurch wird derselben Mitthei-
lung an die Herren Bischöfe Deutschlands, und an jene weltliche Reichsstände, in deren Land sich die bischöf-
lich-Speierische Diözes erstreckt, un-
gemein erleichtert, welches um so an-
genehmer ist, als Se. Kaiserl. Majestät
be-

bereits im vorigen Jahre nicht nur der
vier Herren Erzbischöfen Deutschlands,
sondern auch Sr. Hochfürstlichen Gnaden zu Speier allerdnädigst bemerket
haben, daß ein gemeinsames Einver-
ständniß zwischen den Herren Erz- und
Suffraganbischöffen und den betreffenden weltlichen Landesherren vorhergehen müsse.

Indessen glauben Seine Hochfürstliche Gnaden zu Speier sich das Zeugniß versprechen zu dörfen, daß Ihre
Erklärungen nicht minder die der La-
tholischen Kirche so nöthige Erhaltung
der Einigkeit, als auch das einzelne
Wohl der Ihnen von Gott anvertrau-
ten Kirche bezielen.   Und ob es zwar

bey

bey jetzigen Zeiten leicht denkbar ist, daß andere nicht durchaus einstimmiger Meynung seyn werden; so würde jedoch Dieselbe nichts mehr, als daß der beste Erfolg ihrer ungeheuchelten Denkungsart entsprechen mögt,

Bruchsal den 15. May 1787.

Antwortſchreiben

Sr. Hochfürſtl. Gnaden zu Speier

an

Se. Kurfürſtl. Gnaden zu Mainz.

So wie ich Euer ꝛc. noch vor kur-
zem verſicheret, nehme ich nun
keinen weiteren Anſtand meine
Erklärung- und Geſinnungen
über die in dem Emſer Kongreſſe verfaßten
Punkten hochdenenſelben wirklich mitzutheilen. Ehe ich aber insbeſondere auf einen
jeden derſelben meine Gedanken äußere, habe
ich für nöthig befunden, einige allgemeine
Bemerkungen, als wohin ich mich hernach
öfters beziehen werde, voraus zu ſetzen.

A   Er-

Erstens, wenn ich auch verschiedenen
Punkten, welche einen Bezug auf den päbstlichen Stuhl haben, entweder ganz oder zum
Theil und mit gewissen Einschränkungen
meinen Beyfall ertheilen werde; so ist im
allgemeinen meine Meynung, daß in Rucksicht derselben einzig der Weg zu gütlichen
Verhandlungen und Vorstellungen bey dem
römischen Hof eingeschlagen werden möge.
Verschiedene Vorfälle versichern mich selbst,
daß Se. jetzt regierende päbstliche Heiligkeit
billigen, und gerechten Begehren immer Gehör geben. Es ist dieses bekanntlich der
Weg, welchen Se. jetzt regierende Kaiserl.
Majestät allerhöchst selbst angerathen haben,
als Ihnen 1769 verschiedene Beschwerde,
wovon mehrere in die Emser Punkten übertragen worden, vorgelegt wurden, welchen
ferner die Kaiserl. Wahlkapitulation Art. 14
§. 5 auszeichnet: und da der von dem göttlichen Stifter unserer Religion eingesetzte
Primat von allen Katholicken sowohl, als
den Bischöfen anerkannt wird; so meine ich,
daß die demselben gebührende Rucksicht immer erst vorzüglich diesen Weg annehmlich
ma-

machen sollte, nebst dem daß hiedurch vielen
bedenklichen Folgen, die doch wenigstens ihren
guten Grund haben, am sichersten vorgebeugt
werden möchte.

Ich kann zweytens hier zum voraus
nicht unangemerkt lassen, daß, gleichwie der
Besitz eines jeden Privatmannes allen natürlichen und positiven Gesätzen gemäß, wenn
auch ein anderer gegen denselben noch so vie-
les und gegründet scheinendes einwenden zu
können gedenket, in soweit gesichert ist, daß
der besitzende nicht thatweise könne verdrungen werden; so bin ich allerdings eben auch
der Meynung, daß der Besitzstand des päbstlichen Stuhls nach den Grundsätzen des
Völker- allgemeinen Staats- und kirchlichen
Rechts gewiß die nämliche Rucksicht verdiene.
Da nun in diesem Falle, wenigstens ausser
einem allgemeinen Koncilium, kein anderer
Richter kann gedacht werden, so erhellet auch
von daher, wie nothwendig der vorhin vor-
geschlagene Weg der gütlichen Unterhandlun-
gen seyn möchte. Ich weiß zwar wohl, was
diesem Besitzstande des päbstlichen Stuhls

von finstern Zeiten, irrigen Begriffen, fal=
schen Urkunden, Anmaſſungen und Eingrif=
fen ꝛc. zum Theil selbst in dem Eingange der
Emser Punkten entgegen gesetzt werde; allein,
gleichwie solche Behauptungen Niemand ge=
gen seinen Mitburger zu faktischen Unterneh=
mungen, und dahin berechtigen, ihn sogleich
aus seinem Besiße zu werfen; so weiß ich
auch nicht, wie doch so etwas gegen den
päbstlichen Stuhl ohne alle Rucksprache mit
ihm Plaß greifen könne. Wenn nun die
nämliche Grundsäße und darauf sich bezie=
hende Verfahrungsart von Regenten unter
sich, von weltlichen Regenten und Reichs=
ständen gegen Bischöfe und die bischöfliche Ge=
richtbarkeit, wie sie in der Ausübung ist, von
Bischöfen gegen Erzbischöfe, so wie der be=
kannte Weismann in seinen Bemerkungen
über die Emser Punkten bereits angedeutet,
sollten angewendet werden, so lassen sich die
unausbleibliche Folgen hievon leichtlich über=
denken.

Wenn drittens Gegenstände mit in
Rucksicht kommen, welche durch öffentliche
Ver=

Verträge von dem ganzen Reiche veſtgeſetzt,
oder worüber Reichsgeſetze, ihre authentiſche
Auslegung, Ausdehnung oder Einſchränkung
mit zur Sprache kommen, ſo fordert meine
reichsſtändiſche Schuldigkeit für die Aufrecht-
haltung des Reichsſyſtems von ſelbſten, daß
ich ſie dem Ermeſſen des Reichs anheimweiſe,
und eine weitere Erklärung auſſer dem Reichstage und bey dem verſammleten Reiche würde meines Erachtens hier auſſer ſeinem Ort
ſeyn, wobey ich aber, wenn etwa zu ſeiner
Zeit dieſe Gegenſtände in die gehörige Be-
rathung auf dem Reichstage kommen ſollten, dieſelbe meinen Pflichten und Ueberzeugung nach, abzugeben nicht entſtehen
werde.

Es iſt viertens meines Erachtens un-
umgänglich nöthig, daß ein jeder Biſchof die
gehörige Ruckſicht auf die Lage ſeiner Diözes,
welche nach der Verfaſſung Deutſchlands ſo
vielfältig iſt, und die damit befangene weltliche Landesherren nehme. Mein Kirchen-
ſprengel erſtreckt ſich bekanntlich zum Theil
in die Königlich Franzöſiſche Souverainete,

zum Theil in die Churpfälzische und Badi-
sche Lande. Mir scheint es ganz unläugbar
zu seyn, daß weltliche Landesherren, wenn
gewisse Grundsätze, und also auch die daraus
gezogene Schlüsse unter Katholicken überhaupt
annoch stritig sind, und noch vielmehr, wenn
dieser Streit unter dem Oberhaupt und den
Bischöfen obwaltet, wenn derselbe selbst die
Unterthanen mitbetrifft, wenn die weltliche
Landesherren noch dazu die zeitherige Verfassung ihren Unterthanen für fürträglicher
halten, sich in allen diesen Fällen von Bischöfen entgegen gesetzte Grundsätze bis zur Ent-
scheidung der allgemeinen Kirche aufdringen
zu lassen, durch keine Macht können gezwungen werden, und wenn man so etwas wider den Willen des Landesherrn durchzusetzen
suchen sollte, so möchten Kollisionen, welche
am Ende der bischöflichen Gerichtbarkeit
selbst am schädlichsten sind, daraus sich ergeben, gleichwie dann Euer ꝛc. selbst nicht
miskennen werden, daß das neuerdings von
Churpfalz angesprochene Placitum territoriale bereits eine Folge hievon gewesen. Nach
diesen Voraussetzungen halte ich

Ad I.

ad I.

Die Exemtionen betreffend ganz für an=
gemeſſen und recht, daß der Clerus ſæcu=
laris ſowohl als regularis in einer jeden
Diözes ſeinem Biſchofe untergeben ſeye,
deſſen Aufſicht auch über die innere Ordens=
diſciplin die jetzige Zeitläuften um ſo nöthiger
machen. Es iſt eine Folge hievon, daß ſich
Niemand mehr exempt nennen, oder auch
einen unmittelbaren Rekurs nach Rom neh=
men ſolle. Hierüber alſo und daß der päbſt=
liche Stuhl ſich die Einſchränkungen der
Exemptionen auf dieſe Weiſe gefallen laſſen,
könnten demſelben nach Maaßgab deſſen, was
ich oben voraus bemerket, die angemeſſene
Vorſtellungen geſchehen. Inzwiſchen was
die Abſchneidung aller Verbindung der Or=
densſtänden mit ihren auswärtigen Obern
oder Generalkapiteln belanget, ſo iſt meines
Erachtens ſo etwas in Deutſchland, wo ſo
vielerley Staaten, in einem oder dem an=
dern, zuweilen nur ein oder ſehr wenige
Klöſter von dieſem oder jenem Orden ſich
befinden, die nicht einmal in eine ſogenannte
Provinz können zuſammen gebracht werden,

A 4 nicht

nicht anderst als mit der schier gänzlichen
Zerrüttung verschiedener Orden ausführbar.
Es würde hierinn ein Hauptstuck ihrer Verfaſſung geändert, und ſie alſo ihrem gänzlichen Zerfall ſehr nahe gebracht werden.

Die Lage meiner Diöces, allwo ich die
wenigſte Pfarreyen zu vergeben habe, geſtat-
tet mir auch nicht, ſo viel Weltprieſter auf-
ſtellen zu können, welche die Seelſorge zu
der öfters nöthigen Aushilfe erfordert; dieſe
Lage kann ich nicht ändern, und da mir bis-
her auch tüchtige Ordensgeiſtliche zu gedachter Aushilfe nöthig ſind, ſo kann ich
meines Orts in eine ſolche Umänderung derſelben, welche ihren gänzlichen Verfall nach
ſich ziehen würde, nicht eingehen.

Ad II.

Die Diſpenſationen betreffend ſo von
den Biſchöfen in den Abſtinenz- und Faſten-
gebothen, Ehehinderniſſen, höheren Weihen
und Ordensgelübten ertheilet werden ſollen, ſo
hat auf meinen Befehl mein Vicariat in ſeiner Antwort vom 21 Julius 1785 an Euer ꝛc.
Vicariat zu Mainz die Gründe bereits ange-
führt,

führt, aus welchen es weder räthlich, noch thunlich ist, daß ohne allen Einfluß des allgemeinen Primas in dem Abstinenzgeboth von einzeln Bischöfen dispensirt werden könne oder solle. Es würde hiedurch die Einigkeit in einer wichtigen Disciplinarsache ganz zerrüttet werden, und ich habe daher auf einen Mittelweg angetragen, daß nämlich die Abstinenztäge ihrer Anzahl nach gemindert, und insbesondere der Samstag in der Woche dispensiret, auch hierüber eine gemeinschaftliche Vorstellung dem Päbstlichen Stuhle, überreichet werden möge, welches ich dann wiederholter dafür halte, und mich übrigens auf gedachtes Schreiben beziehe.

Was die andere obengenannte Dispensationen belanget, so ist der päbstliche Stuhl hierin in dem offenbaren Besitze, und ich bewerfe mich also noch auf jenes, was ich oben in Auckssicht desselben angemerket, mit dem Beysatze: daß ich dem Geiste der Kirchensatzungen gar nicht angemessen halte, wenn dergleichen Dispensationen, wovon verschiedene nur in höchstseltenen Fällen zeither ertheilt

theilt worden, gar zu ſehr erleichteret, und
alſo auch zu gemein werden ſollten.

Ad III.

Daß der Biſchoff allein nach ſeinem Gutdünken fromme Stiftungen ſolle abändern
können, halte ich nicht für rathſam. Daß
es bey Stiftungen in einem fremden Landes-
bezirke mit Ausſchluß der Landesherren, oder
auch auf keine Art mit Vorbeygehung Ihrer
Kaiſerl. Majeſtät ſollte geſchehen können, kan
ohnedem nach dem neueſten Beyſpiele zu
Mainz die Meynung nicht ſeyn; daß es aber
auch der Biſchoff ohne Einwilligung des römiſchen Stuhls ſolle thun können, iſt eine
Gelegenheit, ſolche Stiftungen nach willkür-
lichem Ermeſſen in andere umzuſtalten, die
etwa zwar nach dem Gutdünken des Biſchoffs,
nicht aber anderer dabey ganz und gar nicht
befangener, und alſo mehr unpartheiiſch ur-
theilender beſſer ſeyn ſollen. Ich ſelbſten
würde ſehr groſſes Bedenken haben, einige
Stiftungen, die ich theils in meinem Lande
gemacht, oder noch zu machen gedenke, zu
errichten, wenn ich zum voraus wiſſen ſollte,

daß

daß mein Nachfolger solche nach seinem Eigendünkel wiederum abändern könnte. Das nemliche würde von anderen, wes Standes sie seyen, zu befahren seyn, daß sie nemlich durch diese in die Hände des alleinigen Bischoffs gelegte Macht von allen solchen ferneren Stiftungen würden abgeschreckt werden. Hieraus ergiebt sich nun

ad IV.

Daß die Anverlangung, und Ertheilung der römischen Fakultäten nicht gänzlich aufhören könne, wohl aber könnte ad a) von dem römischen Hofe verlangt werden, daß die Fakultäten auf eine mehr dem bischöflichen Ansehen angemessene Art, und zwar ein für allemal auf die Zeit der Lebenstäge oder persönlich ertheilt würde. Ad b & c) Da der päbstliche Stuhl die besondere Verhältnisse, Lage und Bedürfnissen aller Kirchen in der Welt unmöglich wissen kann; so ist es allerdings an dem, daß eine römische Bulle, Breve, Erklärungen, Bescheide, und Verordnungen der römischen Congregationen keine verbindende Kraft haben, wenn sie von dem Bischofe

schoffe aus erheblichen Urſachen nicht angenommen und verkündet worden, und könnte
allerdings verlangt werden, daß hierauf zu
Rom auch in den gerichtlichen Verfahren die
gehörige Ruckſicht genommen werde. Ad d)
Die Nuntiaturen betreffend, ſo haben Ihre
Kaiſerl. Majeſtät ſelbſten in ihrem Reſcript
vom 12 Oktobr. 1785 ausdrücklich dieſelbe
nicht nur als bloſſe politiſche Geſandten, ſondern auch als Abgeordnete des Kirchenober-
haupts anerkannt, in ſolchen Fällen, wo
das Amt des Primas, Kraft deſſen Einſe-
zung einzuwürken hat, wenn nun denenſel-
ben fernerhin nichts weiter übertragen wird,
was der biſchöflichen Jurisdictioni ordina-
riæ abbrüchig, ſondern nur ſolche Reſervaten betrift, welche in Ruckſicht des päbſtlichen
Stuhls annoch anerkannt werden, und in
Bezug auf deſſen Beſizſtand anerkannt werden ſollten, ſo ſehe ich nicht, wie man ihre
gänzliche Aufhebung anverlangen, oder ihnen
die Ausübung der nur auf die päbſtlichen
Reſervaten einen Bezug habenden Gerichtsbarkeit verſagen könne. Es ſcheint mir dieſes um ſo ungezweifelter zu ſeyn, wenn ein
                                         welt-

weltlicher Hof die so geartete und bestimmte
Nuntiaturgerichtsbarkeit zur Erleichterung seiner Unterthanen selbsten wünschet, und wenn
er sonst die bischöfliche Gerechtsame unbe-
einträchtiget lassen will, so wie er es in Anse-
hung der Nuntiatur zu München laut der
Beylage die Kurpfälzische Regierung erkläret
hat. Eben hieher passet, was ich oben bemerket, daß ein solcher Hof gegentheilige
annoch strittige Grundsätze sich nicht werde
aufdringen lassen, und daß aus der hieraus
nothwendig entstehen müssenden Kollision Folgen sich ergeben möchten, welche auf der einen Seite einen die auf der andern Seite
etwa bezweckte Vortheile ganz überwiegenden
Verlust nach sich ziehen dörften. Da mir
ferner kein Reichsfundamentalgesetz bekannt
ist, welches den Nuntiaturen platterdings alle
Gerichtsbarkeit verbietet, wohl aber solche,
welche dieselbe nur inner ihren Gränzen ein-
schränken, und keine Civilsachen von ihnen
wollen angenommen wissen, so ist die gänzliche Niederlegung aller Gerichtbarkeit, sie
mögte Namen haben, wie sie wollte, eine
ausdehnende authentische Auslegung dieser

Reichs-

14

Reichsgesetzen, welche unstrittig dem ganzen Reiche zustehet, und von welcher auch Protestanten, welche in Rucksicht ihrer catholischen Unterthanen auch mit betheiliget sind, sich nicht werden ausschliessen lassen. Wenn man also auch diesen Zweck zu erzielen, sich bestreben wollte, so halte ich dafür, daß so etwas ohne Mittheilnahm des ganzen Reichs nicht geschehen möge, wo ich dann, wenn einmal diese ganze Sache bey dem Reichstage zur Sprache kommen sollte, mir annoch das weitere zu erklären vorbehalte. Daß ad e) die Proto- und Notarii apostolici bey den bischöflichen Gerichten immatriculirt seyn sollen, wird meines Erachtens der römische Hof ohne Schwierigkeit eingestehen. Eigene Notarios zu creiren, wird von einem jeden Bischofe abhangen; wie es dann auch allerdings billig ist, daß die sogenannten Ordensnotarii aufhören sollen.

Ad V.

Ist es allerdings dem Geiste der Kirchensatzungen angemessen, was die Emser Punkten von der Mehrheit der Präbenden enthalten,

ten, worüber ich noch unten, wo die Sprache
von dem brevi eligibilitatis seyn wird, meine Gedanken äußern werde. Es sollte zu
Rom allerdings nicht, als in dem wahren
Falle des cap. de multa dispensirt werden;
daß aber diese Dispensation dem Bischofe
hinführo überlassen werde, halte ich um so
weniger für die Kirchenzucht und für die Aus-
rottung des hier offenbar eingeschlichenen
Mißbrauchs für räthlich, als gewisser ich
überzeugt bin, daß hiedurch nur noch mehreren solchen Dispensationen, welche der Bischof seinen Anverwandten und aus vielfäl-
tigen Rucksichten auf seine Kapitularen, gewisse Familien, sichere Verbindungen, anzu-
hoffende andere Vortheile, und so weiter rc.
nicht wohl abschlagen kann, oder wird, Thür
und Thor geöffnet werde. Vielmehr halte
ich dafür, daß man dem päbstlichen Stuhle
zweckmäßige Vorstellungen machen sollte,
diese Dispensationen nicht anderst, als nur
in seltenen Fällen zu ertheilen: auch ist darauf
zu bestehen, daß die Dispensationsbulle dem
Bischofe, wo die zweyte Präbend gelegen
ist, ehe sie zum Vollzug gebracht werde, zur
Ein-

Einsicht vorgelegt, von diesem die Beweg-
gründe genau untersucht, auch der also Dis-
pensirte nicht eher zu dem Besitz seiner Präa-
bend gelassen werde, bis der Bischof die
Wahrheit der Beweggründen wird befunden,
und also die Vollstreckung der Bulle gestattet haben. Wenn er aber dieselbe aus erheblichen Gründen wird versagt haben: so ist
zur Abschneidung aller sonst unübersehlicher
Weiterungen hiebey fest zu setzen, daß alsdann
kein weiterer Rekurs weder an den Erzbischof,
noch sonsten wohin Platz haben solle.

Ad VI. & VII.

Und zwar ad a) ist es die wahre und der
Geschichte angemessene — wie auch durch die
noch vorhandene Brevien des Pabsts Eugen
des IV. außer allem Zweifel gesetzte Meynung, daß die Gültigkeit und Beobachtung
der von der deutschen Nation mit gewissen
Modificationen in dem Jahre 1439. ange-
nommenen Dekreten des Conziliums zu Ba-
sel, von dem apostolischen Stuhle durch einen
wahren Vertrag der deutschen Nation zuge-
standen worden, und also diese Dekreten in
der

der Regel die deutsche Conkordaten enthalten, wovon hernach die zu Aschaffenburg, errichtete selbst nach dem Buchstaben derselben die Ausnahme machen, welches also auch meinen Beyfall hat. Unterdessen da

Ad b & c) die gedachte Aschaffenburger Conkordaten eben auch ein öffentlicher Vertrag zwischen dem apostolischen Stuhle, und der deutschen Nation sind, wovon ein Theil ohne die Einwilligung des andern nicht abgehen kan; so mag ich meines Orts nicht billigen, was in den Emser Punkten von der Extravag. execrabilis & ad regimen gesagt wird. So, wie beyde in die Conkordaten aufgenommen sind, müssen sie, jedoch nach ihrem wahren Verstand, welchen deutsche Kanonisten bereits genugsam erläutert haben, in solang in ihrer Gültigkeit und Ausübung verbleiben, bis auf eine rechtsgültige Art dieser Vertrag wiederum aufgehoben oder abgeändert wird. Nachdem die Conkordaten auch zugleich ein Reichsgrundgesätz, und ein mit der ganzen Nation errichteter Vertrag sind, so muß hiezu der damal vorzüglich damit be-

B   thei-

theiligte katholische Reichstheil auf dem Reichstag miteinstimmen, und eben dieß ist von dem
andern mitpaciscirenden Theile, dem aposto-
stolischen Stuhle, gleichermassen zu sagen.

Ad d & e) Da nach dem dürren Buchstaben der Conkordaten selbst keine neue und
andere Reservationen mehr Plaz haben können, als welche in denselben bereits enthalten
sind; so folgt auch von sich, daß dieses durch
keine Klausulen, sie mögen Nahmen haben,
wie sie wollen, erwirket werden könne.

Ad f) Dem unbefangenen Publikum hat
es auffallend seyn müssen, daß die Verfasser
der Emser Punkten, da sie den römischen
Hof sonst überall in der zeitherigen Ausübung
gewisser Rechte zu beengen suchen, hier dennoch ihm die brevia eligibilitatis aus gewissen unschwehr zu errathenden Ruckfichten
bis zur allgemeinen nicht so leicht zu hoffenden
Kirchenreformation zu ertheilen belassen. Ich
habe bereits angemerket, daß die Mehrheit
der Bisthümer noch vielmehr als jene der
simplen Präbenden den Geiste der Kirchen-
sazungen entgegen seye Die Bischöffe müssen
vor-

verhaftlich wünschen, daß Niemand nebſt einem Erzbiſthum auch noch mehrere Bisthümer beſitze. Die ganz natürliche Folge
iſt, daß auch dieſe nach gewiſſen Grundſäzen
behandelt werden, welche vielleicht die Bi-
ſchöffe den Erzbiſchöffen nicht einraumen können, und welche den biſchöflichen Gerechtſamen nachtheilig ſind, daß alſo auch dieſe nach
und nach mehr Gefahr und Beeinträchtigung
leiden müſſen, wenn man auch nichts von po-
litiſchen Rückſichten melden will: Z. B. in
Abſicht auf die geſchwindere Beförderung der
Geſchäften, auch daß die Einkünfte und Pro-
dukten des Lands zum wahren augenſchein-
lichen Nutzen in demſelben verbleiben und her-
zehrt werden. Das biſchöfliche Intereſſe er-
fodert demnach vielmehr, daß dem römiſchen
Hofe Vorſtellungen dahin gemacht werden,
hinführo kein ſolches breve eligibilitatis mehr,
als nur in einem ganz auſſerordentlichen Falle,
und nie auf ein Erz- und Biſthum zugleich zu
ertheilen.

Da Euer ꝛc. meine Meynung ohne Rück-
halt zu wiſſen ohne Zweifel verlangen, ſo

B 2 habe

habe ich auch kein Bedenken nehmen können, selbiges so, wie in den übrigen Punkten, also, auch in diesem zu thun.

Ad VIII.

Daß die resignationes in favorem ad a) eine Art erblicher Nachfolge in die geist= liche Pfründen einführen, und also den kano= nischen Satzungen nicht angemessen seyen, ist ausser Zweifel: es ist daher sehr erwünsch= lich, daß sie nicht so häufig, und ohne alle Ursache angenommen, auch deſſentwegen dem päbstl. Stuhle Vorstellungen gemacht wer= den; dieselbe aber platterdings zu verwerfen, leidet die Lage meiner Diözes nicht, indem sie nicht nur in Frankreich üblich sind, son= dern nach den dortigen Grundsätzen auch sogar zu Rom angenommen werden müssen.

Ad b) Ist eben so erwünschlich, daß sie wenigst nicht anderst, als mit dem testimo= nio idoneitatis des Bischoffs sollen angenom= men, und also die Vorstellungen mit auf die= sen Punkt gerichtet werden. Wie lang aber ein solches testimonium idoneitatis gültig

seyn

feyn folle, ift meines Erachtens der Willkür
eines jeden Bischoffs zu überlaffen. Daß

ad c) den refignatariis fo, wie es in den
Concordaten gefchehen, ebenfalls eine drey-
monathliche Frifte anberaumet werde, binnen
welcher fie ihre Bulle vorlegen follen, ift ganz
billig, und daß

ad d) die unbedingte Refignationen von
einem jeden Bischoffe angenommen werden
können, ift den allgemeinen Rechten gemäß;
daß aber folche Benefizien nicht refervirt feyen,
ift dem Sinne der Concordaten von daher
ganz angemeffen, da diefelbe auch nicht einmal durch die fogenannte Kanzley Regeln refervirt waren: es kan alfo alles diefes keinen
Anftand haben.

Ad IX.

Wenn von Coadjutorien die Rede ift,
welche ein Recht zur nachfolge ertheilen follen;
fo ift der römifche Stuhl in dem Befitze, daß
diefes nicht ohne feine Einwilligung gefchehen
folle. Hiezu aber follen ohne Zweifel kano-
nifche Urfachen vorhanden feyn. Wenn nun

noch

noch auf diese Art Coadjutorien auf Erz- und
Bisthümer Platz haben sollen, so sind sie um
so weniger auf geringere Dignitäten gänzlich
zu verdringen. Den Besitz des apostolischen
Stuhls betreffend, beziehe ich mich auf das-
jenige, was bereits mehrmalen von demselben
gesagt worden, wobey es sich aber von selbsten verstehet, daß Niemand an seinem hiebey
habenden etwaigen Collations-Ernennungs-
oder Wahlrechte einige Beeinträchtigung ge-
schehe.

Ad X.

Daß die dignitates majores post ponti-
ficales in den Kathedralstiftern und princi-
päles in den Kollegiatkirchen dem Buchstaben
der Conforbaten, und den ganz gegründeten
Auslegungsregeln derselben nach, nicht reser-
virt seyen, kann meiner Meynung nach ganz
wohl behauptet werden. Bey jenen Stiftern
also, wo noch der Besitz und Observanz dieser Meynung gemäs ist, ist allerdings darauf
zu bestehen; unterdessen ist es bekannt, daß
nachdem der römische Hof den Conforbaten
einen andern Sinn gegeben, er bey verschiedenen

Stiftern eine gegentheilige Obſervanz, als eine Gattung von Verjährung für ſich habe. Es iſt ferner bekannt, daß nach dem Natur- allgemeinen Staats- und Völkerrecht dieſer Rechtstitel der Verjährung wenigſt, wenn nicht immer eine Gelegenheit zu allgemeinen Verwirrungen Platz haben ſolle, ſo ſehr wirken müſſe, daß nicht ſogleich mit Thathandlungen angefangen werde. Eben dieſes halte ich auch hier dafür, daß bis etwa zur Ausfindigmachung eines beyden Theilen annehmlichen Mittelweeges, welcher auch von berühmten deutſchen Kanoniſten bereits vorgeſchlagen worden, und worauf in den zu machenden Vorſtellungen etwa angetragen werden könnte, es noch zur Zeit bey der zeitherigen Obſervanz, die Ernennung zu ſolchen Dignitäten, oder die Konfirmation betreffend, zu verbleiben habe.

Ad XI.

Daß nur fähige und verdiente Männer zu Benefizien befördert werden, hierauf iſt ohne Zweifel ein vorzügliches Augenmerk zu nehmen. Meines Orts muß ich hier bemer-

ken,

ten, daß Se. jetzt regierende päbstl. Heiligkeit
aus eben dem Grunde die von mir vorge-
schlagene anderen Empfehlungen immer vorge-
zogen haben.. Ich bin auch gar nicht entgegen, daß bey dem päbstlichen Stuhle dahin angetragen werde, derselbe möge immer-
dar auf das testimonium idoneitatis jenes
Bischoffs, in dessen Diözes das Benefizium,
so er in Kraft der Konkordaten zu vergeben
hat, etwa gelegen, die gehörige Rucksicht
nehmen, das erforderliche Alter betreffend, ist
ohnedem in den gemeinen Rechten das nöthige Versehen, wobey es dann allerdings
sein Bewenden haben kann.

Ad XII.

Daß jene, welchen keine Hinderniß entgegen steht, die Residenz bey ihren Kirchen
machen, und die dort erforderliche Dienste
thun sollen, hierauf pflegt selbst der apostolische Stuhl in seinen Kollationsbullen vor-
zügliche Rucksicht zu nehmen, als in welchen
eingeschaltet zu werden pflegt, daß jener,
welcher inner zwey Monathen, wo er residi-
ren kann, dannoch dieses sträflich verabsau-
met,

nat, seines Benefiziums ipſo jure & facto
wiederum privirt ſeyn ſolle. Ich ſehe ganz
keine Urſache, warum man dieſen gegen ſo
vielfältige Kirchenſatzungen freywillig ſich ver-
gehenden Leuten die Zeitfriſt verlängern ſolle,
und meine alſo, man könnte es hierin bey
dem Innhalt der päbſtlichen Bullen belaſſen,
daß nach dem Ablauf von 2 Monathen die
von dem Pabſt erhaltene Präbend als erle-
digt angeſehen werden ſolle: es müßte dann
ſeyn, daß der Biſchof in Ruckſicht der von
ihm ertheilten Präbenden und Benefizien eine
andere Friſt in ſeinem Bißthum zu beſtim-
men für räthlich finden ſollte, oder aus beſon-
deren Umſtänden auch in der bereits geſetzten
Zeit zu diſpenſiren gedächte.

Ad XIII.

Daß Auswärtige keine Benefizien in
Deutſchland beſitzen ſollen, iſt nach dem Beyſpiele anderer Lande billig; unterdeſſen, wer
als ſolcher anzuſehen ſeye, oder nicht, wird
von Kaiſer und Reich abhangen, wobey ich
die mir wegen meiner ſich in die königliche
franzöſiſche Souverainete erſtreckende Diözes
nöthige Ruckſicht vorbehalte.

❧❧❧

Ad XIV.

Wenn Statuten von dem Kaiser, apo=
ſtoliſchen Stuhle, oder Biſchöffen beſtätiget
ſind, ſo ſolle in denſelben nicht diſpenſirt wer=
den. Es iſt aber meine Meynung nicht, daß
dieſes auch von andern Statuten verſtanden
werde, welchen dergleichen Beſtätigung abge=
ht, welche vielmehr ahndungswürdige Miß=
bräuche enthalten, oder begünſtigen, willkühr=
liche Aenderungen der älteren Statuten ein=
führen, oder gar die biſchöfliche und Landes=
herrliche Gerechtſame begränzen wollen: dieſe
ſind vielmehr als null und nichtig anzuſehen.

Ad XV.

Dieſer Punkt mit ſeinen Unterabtheilungen
Ad a b & c) betrifft eine Sache, die plat=
terdings nur die Herren Erzbiſchöffe angehet.
Unterdeſſen, da man hier erzbiſchöflicher Seits
ein ex pacto zuſtehen ſollendes Recht an=
ſpricht, ſo wird doch dem ungeachtet beliebt,
daß erſt Vorſtellungen hierin an den römi=
ſchen Hof geſchehen ſollen, und ich meyne,
daß alſo jenes, was ich ſchon überhaupt von
vorhergehen ſollenden Vorſtellungen geſagt
habe,

habe, hierdurch selbst gebilliget werde. Ob aber und wie fern die Herren Erzbischöffe dahin genugsame Rechtsgründe haben mögen, den päbstlichen Stuhl wider seinen Willen zu vermögen, daß er ihnen sogleich mit der Konfirmation ein indultum perpetuum, auch mit Ausschluß jener, welche zeither einen Antheil an diesem Indult gehabt, ertheile, muß ich ihnen in einer die Bischöffe nicht mit interessirenden Sachen überlassen. Was aber

ad d) Von der von einem National-conzilium wegen Aufhebung der päbstlichen Monathen zu schaffenden Abhilfe überhaupt gesagt wird, hierunter muß ich bemerken, daß, da ein Nationalconzilium nur die Zusammenkunft der Erz- und Bischöffen voraussetzet, die Concordaten aber ein Vertrag mit der ganzen Nation sind, diese Sache nicht sowohl auf ein blosses Nationalconzilium, als den ganzen katholischen, die weltliche Reichsstände mit begreifende Reichstheil gehöre, wobey dann auch der andere mit pacificirende Theil, nämlich der apostolische Stuhl ebenfalls muß gehört werden, und einseitig thatweis nichts geschehen kann.

Ad XVI.

Da nur die Hrn. Erzbischöffe ein solches Indult erhalten, so ist es ebenfalls eine sie angehende Sache, ob die zweyte Provision von dem päbstlichen Stuhle verlangt werden könne oder nicht: und ob also die Hrn. Erzbischöfe nicht nur mit einem strengen Rechte von ihm fodern können, daß ihnen ein indultum perpetuum ertheilt werden müsse, sondern auch daß selbigem platterdingen kein Vorbehalt oder Klausul eingerucft werden möge, will ich dann, so wie in dem vorstehenden Punkt denenselben ebenfalls überlassen.

Ad XVII.

Seine kaiserliche Majestät haben selbst in ihrem oben bereits angeführten Rescript nicht verlangt, daß die Nuntii gänzlich aufhören sollen: und ein deutscher weltlicher Reichsstand wird sich das Recht, so wie andere Abgesandte, also auch einen päbstlichen Nuntium an seinem Hofe anzunehmen, nicht benehmen lassen, wenn nur hierdurch den bischöflichen Gerechtsamen kein Eintrag geschiehet. Da nun der allgemeine Kirchenrath

zu

zu Trient eben in der angeführten Seff. 22,
C. 2. de reform. noch ausdrücklich festsetzet:
quarum rerum (es ist die Rede von den
Erfordernissen zu einem Bißthum) instru-
&tio … a Sedis apostolicæ legatis aut ejus
ordinario, eoque deficiente, a viciniori-
bus ordinariis sumatur, den sogenannten
processum informativum ausdrücklich auch
den Nuntiis gestattet; so kann diese triden-
tinische Stanktion so platthin nicht aufgehoben und vernichtet werden. Unter den nä-
hern Bischoff, welcher diesen Prozessum zu
machen habe, wird in den Emser Punkten
der Consecrator bestimmet. Wenn etwa
dieser Consecrator, und zwar nach Maaßgabe
der ältern Kirchenzucht, wie es heißt, der
Erzbischof seyn solle: so wäre dieses den Bischöffen um so verfänglicher, als sicherer zu
vermuthen ist, daß hiedurch die Absicht ge-
heget werde, das ehmalige Consecrationsrecht
zugleich wieder hervor zusuchen und gegen die
mehrhundertjährige Observanz und Freyheit
der Bischöffe neuerdings einzuführen. Daß
es dem bischöflichen Ansehen nicht angemessen
sey, auf diese Art die Abhänglichkeit in Rucksicht

ficht der HHn. Erzbischöfen zu vermehren,
auch diese Consecration weit kostspieliger zu
machen, ist ohnedem ein Gedanke, der sich
von selbst hier einstellen muß.

Ad XVIII.

Die Ernennung der Bischöffe in partibus ist ohnedem eine blos von dem apostolischen Stuhle abhangende Sache: da nun zeither von demselben hierzu auch ein solcher processus informativus, der doch immer seinen wichtigen Grund hat, verlangt worden, so halte ich dafür, es solle bey der hier obwaltenden Observanz belassen werden.

Ad XIX.

Daß ein canonisch erwählter Bischoff in Deutschland ohne ein besonderes Indult die Administration in spiritualibus übernehme, ist den gemeinen Rechten selbst nach dem Cap. 44. de elect. & elect. potest. gemäß, und eben dieses ist, seine fürstliche Lande und Regalien betreffend, eine Folge des Vertrags Heinrichs des V. mit dem Pabst Calixt dem II. daß die Bischöffe ferner ihre reichsfürstlichen Lande und die ihnen darüber zustehen-

Den

den landesfürstlichen Rechte durch die kaiserliche Investitur erhalten, ist eben so richtig,
und daher kann die Klausul in *temporalibus*
in der Confirmationsbulle von diesen Gegenständen nicht verstanden werden. Den Bischöffen gebühret aber auch noch nebst dem
die Aufsicht auf die Verwaltung jener geistlichen Güter, welche zwar ausser ihren weltlichen Landen, jedannoch in ihrer Diözes liegen, und wenn diese Klausul nur diesen Ge-
genstand bezielet, so ist sie nicht nur den
Reichsgesetzen nicht entgegen, sondern vielmehr selbigen, und der Observanz ganz angemessen. Es möchte also anstatt der gänzlichen Weglassung in den Vorstellungen an
den päbstlichen Stuhl vielmehr nur auf eine
der deutschen Verfassung gemäße Einschränkung und Erläuterung angetragen werden.

Ad XX.

Ist es auf seine Art nicht zu verkennen,
daß der bischöfliche Eid, so wie die neuere
Formel derselben lautet, in verschiedenen Rucksichten auf die heutigen Zeiten nicht mehr
passend sey, und also eine Abänderung des-
sel

selben zu wünschen. Hierauf möchten eben=
falls bey Sr. päbstlichen Heiligkeit die Vor=
stellungen mitgerichtet werden.

Ad XXI.

Will ich zwar dahin gestellt seyn lassen,
ob die Annaten= und Palliumsgelder vorzüg=
lich die Quelle seyen, woher der Schuldenlast,
welcher verschiedene deutsche Kirchen drucket,
geflossen, massen andere Bißthümer, welche
eben auch diese Annaten bezahlt, und noch
dazu wegen ihrer Lage und besondern Umstän=
den ganz ausserordentliche und Millionen über=
steigende Ausgaben gehabt, auch nur mit=
telmäßige Einkünften geniessen, dennoch nicht
nur mit keinen Schulden belastet sind, son=
dern auch einen beträchtlichen Vorrath in
allen Stucken haben. Unterdessen da selbst
in den Concordaten enthalten ist, daß dem
Befund der Umstände nach die Taxe gemä=
siget werden solle, so bin ich dieser Ermäsi=
gung gar nicht entgegen. Nur finde ich nicht
angemessen, daß dieselbe entweder von einem
Nationalkonzilium, oder Kaiser und Reiche
ohne alle Rucksprache mit dem römischen Hofe
ein=

5   einseitig so geschehen könne und solle, daß
6   selbiger hernach platterdingen diese Taxe sich
müsse gefallen lassen; da es einen beyderseits
verbindlichen Vertrag betrift, so halte ich dafür, daß dießfalls Verhandlungen mit dem
gedachten Hofe zu pflegen wären, wo dann
die gemäßigte Denkungsart Sr. jetzt regie-
renden päbstlichen Heiligkeit allerdings hierin
eine befriedigende Erklärung dahin hoffen läßt,
daß diese Taxe auf eine billigmäßige Art so
festgesetzt werde, welche hernach von beyden
Seiten unverbrüchlich zu halten wäre. Wenn
die Mittel, wodurch der päbstliche Stuhl
auch wider seinen Willen gezwungen werden
solle, und worauf hier bey etwaiger Versa-
gung der Konfirmation gedeutet wird, dahin
gemeynet seyn sollten, daß dieselbe wiederum
von den Herren Erzbischöffen geschehen solle,
so wird hiedurch abermal die mehrere Abhänglichkeit der Bischöffen von den Erzbischöffen bezielet, welches dann von keinem Bischoffe kann gutgeheissen, noch weniger unter-
stützet werden.

Ad XXII.

Daß ad a) die bischöfliche erste Instanz
nicht beeinträchtiget werde, ist den ungezweif-

C   le-

leten Rechten und **Obſervanz** gemäſ : ⬛⬛
aber weder unter meiner, weder unter ⬛⬛
Regierungen meiner Vorfahrer bekannt, ⬛⬛
entweder der römiſche Hof, oder die ⬛⬛
ziaturen **Eingriffe** in das Recht der er⬛⬛
Inſtanz verſucht hätten.   Ad b) das R⬛⬛
der zwoten betrift einzig die Herren Metro-
politanen.   Daß in dieſer in einigen D⬛⬛
zeſen Deutſchlands und ins beſondere in ⬛⬛
würzburgiſchen die Obſervanz vorwalte, ⬛⬛
entweder an die köllniſche Nunziatur, od⬛⬛
an das erzbiſchöfliche Vikariat die Berufung
ergehen könne, bezeuget der berühmte Kan⬛⬛
niſt **Bartel**.   Ob und wie nun dieſe auf der
gedachten Obſervanz zu beſtehen gedenken,
oder nicht, überlaſſe ich ihnen.   Ueberhaup⬛
aber muß ich hier den Wunſch beyfügen,
daß die Verfahrungsart der erzbiſchöflichen
Vikariaten mehr dem biſchöflichen Anſehen
und Gerechtſamen angemeſſen und ſo beſchaf-
fen ſeyn möge, daß hiedurch nicht ſelbſt den
Biſchöffen zu gerechten Beſchwerden Anlaß
gegeben, und eine andere Inſtanz erwünſch-
licher werden möchte.   Es iſt unleidentlich,
wenn aus gegründeten Urſachen der Biſchof
die Sache an die erzbiſchöflichen Vikariaten
nicht

für geeignet ansiehet, diese sich dem un-
... nicht nur für kompetent zu erklären,
... auch hernach, obschon päbstliche De-
...torien an sie ergangen, in der Sache
...fahren anmaßen: so wie bereits unter
... Herrn Kardinal von Schönborn Regie-
... geschehen zu seyn, die Beylage erweiß-
... macht. Durch dieses einzige werden die
...öffe platterdings der Willkür eines sol-
...en Vikariats in allen ihm beliebigen Fäl-
..., und zwar ohne alles Mittel, da man
... weitern Rekurs erschweret, oder nicht
...tet, und bey der immer mehr zur Absicht
...ommenen Heruntersetzung des päbstlichen
...Stuhls nicht zu achten braucht, untergeord-
...net. Von anderen Beschwerden sowohl un-
...ter der Regierung meines unmittelbaren Herrn
Vorfahrers, als auch der Meinigen gedenke
...ich hier nichts weiters anzuführen.

Ich bin aber von der Billigkeit Euer ꝛc.
...überzeugt, daß Hochdieselbe so etwas ganz
...und gar nicht zu billigen gedenken, und habe
...also auch kein Bedenken Euer ꝛc. meinen weitern Wunsch dahin zu äussern, daß es De-
...enselben bey dieser Gelegenheit auch gefäl-

lig feyn möge, Dero Vikariat in die gehörigen Schranken zurück zu weisen, und insbesondere demselben um allen Beschwerden fernerhin vorzubeugen, gemessenst aufzugeben; daß selbiges 1) so wie es den gemeinen Rechten selbst gemäß, keine Appellationen annehme in Disziplinarsachen unter dem Vorwande des Excessus modi. 2) Die Person des Bischofs betreffend, so wie es ebenfalls den gemeinen Rechten gemäß, 3) vorzüglich, wenn die Frage di= oder indirecte von einem in dem Umfang der hierarchischen Gewalt, welche selbst in den Emser Punkten als unumschränkt angegeben wird, enthaltenen besondern Recht ist, oder dorthin sich auflöset, und wo sich also das erzbischöfliche Vikariat anmaßen würde, durch Verfügungen oder auch in Gestalt eines Urtheils die bischöfliche Gewalt entweder zu zernichten, oder doch einzuschränken, welches dieses Vikariat gewißlich dem römischen Hofe nicht gestatten und dorthin eine anmaßliche Appellation anerkennen würde, und wo auch dessentwegen in weltlichen Gegenständen gegen die Reichsgerichte selbst der Rekurs an den Reichstag gegründet wäre, 4) In ganz geringfügigen Geldsachen, be=

son=

ſonders da keine Summa appellabilis feſtgeſetzt iſt.

Ad c) Daß die geiſtlichen Gerichte mit
ſolchen tüchtigen Männern beſetzt ſeyn ſollen,
iſt ganz recht und heilſam: auch iſt es allerdings gut, daß bey denſelben auf die Reichs-
praxis mit geſehen werde. Meines Orts habe
ich eine verbeſſerte Prozesordnung bereits vor
mehreren Jahren erlaſſen, und dieſelbe auch
meinem Vikariate zu beobachten vorgeſchrie-
ben. Gleichwie aber eben in den Reichsge-
ſetzen eine Summa appellabilis feſtgeſetzt iſt,
ſo ſollte dieſes auch bey den geiſtlichen Gerichten geſchehen, und zwar um ſo mehr, da
mir aus der Protokollen meines Vikariats
bekannt iſt, daß Appellationen angenommen
werden, wo die Koſten die geringfügige Sum-
me ſelbſt ziemlich überſtiegen haben.

Ad d) Daß von dem römiſchen Hofe
auf Verlangen der Partheyen judices dele-
gati ernannt werden, iſt den Konkordaten
gemäß; allein dieſelbe müſſen auch gehalten
ſeyn, dieſe Delegation anzunehmen, und ſie
nicht ſo, wie mich Beyſpiele lehren, unter
allerhand Vorwand ausſchlagen können, in-

dem

dem es sonst höchst beschwerlich wäre, endlich
einen aufzufinden, der diese Delegation anzunehmen geneigt wäre.

Ad e) Dem Vorschlage wegen eines zu
errichtenden Provinzialsinodalgerichts anstatt
der dritten Instanz, kann ich aus nachstehenden Gründen nicht beytretten. Der Herr
Erzbischof würde erstens nebst dem Direktorio
noch zwey Beysitzer zu ernennen haben, und
also nach der zweyten erzbischöflichen Instanz
auch die dritte eine erzbischöfliche seyn, welches um so mehr jene Provinzen trift, wo
nur wenige Suffraganbischöffe sich befinden.
Zweytens würde hierdurch aller Rekurs an
den apostolischen Stuhl fast aufgehoben seyn,
und auch jenen Partheyen, welche diesen ihrer Sache und Umständen annehmlicher fänden, ganz abgeschnitten werden, welches mir
weder räthlich, weder thunlich zu seyn scheinet. Drittens sind selbst die weltliche Reichsstände, auch verschiedene protestantische hiebey vorzüglich mit interessiret, wenn die Rede
davon ist, was für eine letztere Instanz ihre
katholischen Unterthanen in den zu den geistlichen Gerichten geeigneten Gegenständen haben

bey, follen. Es würde also etwas ohne Mit-
einwilligung derselben nicht durchzusetzen seyn,
und hierdurch würden nothwendig noch weit
aussehende Schwierigkeiten erreget werden.
Was für politische Ruckfichten, wenn einmal
ein solches ständiges Corpus errichtet wäre,
auf Seiten der weltlichen eintretten müßen,
werden einem hierüber denkenden ohnedem
nicht entgehen. Es würde viertens dieses
Sinodalgericht, den Diözesen mehrere und
schwerere Kosten verursachen, auch die brauch-
barste Männer von anderen ihrem Bißthume
zu leistenden unmittelbaren wichtigen Dien-
sten entfernen. — Da es vermuthlich die
Meynung haben möchte, daß dieses Sinodalgericht in der erzbischöflichen Residenzstadt
seinen Sitz haben sollte, so würden zwar
diese Kosten erzbischöflicher Seits gesparret,
dadurch aber der Einfluß von dieser Seite
noch mehr vermehret werden. — Man würde
fünftens die bischöfliche Beysitzer in sein In-
teresse einzuflechten, — auch Grundsätze, die
eben den bischöflichen Gerechtsamen nicht allerdings günstig, ihnen annehmlich zu machen,
oder gar in seine Dienste zu ziehen, Mittel
und Wege genug haben. — Da endlich hie-

durch

durch ein in den Konkordaten selbsten enthaltener Punkt abgeändert werden sollte, so könnte es nicht ohne Mitbeystimmung der beyden pacificirenden Theile geschehen.

Ad XXIII.

Scheint der Eingang besagen zu wollen, daß sowohl die bischöflichen, als erzbischöflichen Rechte einen göttlichen Ursprung zum Grunde haben: — dieses letztere wird aber wohl, wenn die Worte diesen Sinn haben sollten, den Verfasser dieser Stelle, kein genugsam unbefangener zugestehen. — Die Wegraumung der bey den Seelsorgern, Stiftern, und Klöstern eingeschlichenen Mißbräuche setzen die gedachte Verfasser bis dahin aus, bis die Bischöffe, nach ihrer Denkungsart in ihre ursprüngliche Rechte wiederum eingesetzt seyn werden; allein ich meyne, es liegen so verschiedene Mißbräuche auf der platten Hand, welche auch auf die gegen den apostolischen Stuhl angesprochene Rechte keinen Bezug haben, die aber bey der jetzigen Lage ein Bischof nicht ausrotten kann, wenn er sich nicht unübersehnlichen Appellationen und Weitläuftigkeiten aussetzen will, daß es einen solchen Verschub nicht eben nöthig gehabt hätte, die Einleitung der hierin so heilsamen Verbesserung mit Abschneidung nur gedachter Weitläuftigkeiten sogleich zu treffen. — Was übrigens von der Abänderung oder Aufhebung der Konkordaten zu Aschaffenburg gesagt wird, so gehöret dieses, wie ich bereits mehrmalen angemerkt, nicht auf ein Nationalkonzilium, sondern vor den Kaiser, und aber auch zugleich den ganzen mitbefangenen Reichstheil, allwo, wenn an dem gehörigen Orte die Sprache hievon seyn wird, ich auch das weitere äussern werde, und nur soviel dahier bemerke, daß es alsdann vorzüglich darauf ankommen wird, ob die den Bischöffen zurückgegebene päbstliche Monaten, die wieder eintretten sollende erzbischöfliche Gerechtsame aufwiegen, und sie also einen wahren Vortheil von dieser Aenderung haben werden. Euer rc. habe ich diese meine Gedanken von den Emser Punkten, so wie sie mir von Hochdenenselben mitgetheilt, und demnächst öffentlich bekannt worden, ohne Ruckhalt also vorgelegt, wie ich sie nach meiner Ueberzeugung den Grundsätzen des natürlichen und positiven Rechts, der Billigkeit,

C 5

dem

dem Reichssystem, den übrigen verschiedenen hier zusammentreffenden und öfters sich durchkreuzenden Rucksichten, den Zeitläuften, den allerseitigen Verhältnissen, der etwa thunlichen Ausführung an gemessensten zu seyn erachtet, wobey ich anderen ihre etwaige entgegen gesetzte Meynungen gern überlasse.

Uebrigens da Ihre Kaiserliche Majestät anverlangt haben, daß über die Gegenstände des Emser Kongresses mit den Bischöffen und betreffenden Landesherren Kommunikation gepflogen werden solle, so glaube ich, es seye diesem allerhöchsten Begehren entsprechend, und ich habe mich auch dahero veranlasset befunden, diese meine Gesinnungen anderen Bischöffen und mitbetheiligten Reichsständen ohne Anstand mitzutheilen, womit verbleibe ꝛc.

~~Abschrift~~

C. T. C.

Unsern ꝛc. die päbstliche Nuntiatur, und wegen Benachrichtigung derselben Annehmung in unsern Staaten Euch schon zugegangene gnädigste Weisung hat einzig und allein die Wohlfahrt unserer Unterthanen und heilsame deren Beförderung zu ihrem Gegenstande. Da zu Folge dieser Gesinnungen erwähnte Nuntiatur zu mehrerer Erleichterung der Angelegenheiten eines jeden und Ersparung deren Kosten um Ernennung eines Commissarii, bey welchem die Gesuchen und Anlangen eingegeben, und durch den nicht nur solche an jene eingeschickt, sondern auch die darauf ergehende Fertigungen denen Supplikanten zugestellt werden mögen, angetragen, und abschriftlich anverwarts Instruktion für ihn aufgestellt hat, wie auch ein und anderes zu genehmigen bewogen, und unsern Churpfälzischen geheimen und geistlichen Administrationsrathen Tit. Philipp von Hertling ausersehen ha-

haben; als laſſen es Euch unter ~~den gnädigſten~~ Befehl andurch ohnverhalten ſeyn, Ihr ſollet gedachtem von Hertfing die Nachricht davon zu Unterziehung dieſes Geſchäfts mit Ausſchlieſßung beykommender Urſchrift gedachter Inſtruktion ertheilen, und wie. Darunter die Abſicht an unſer und päbſtlicher Seite weit davon entfernt iſt, daß die weltliche. Gerichtsbarkeit irgend auf einige mindeſte Weiſe turbirt, und die erz- und biſchöflichen Rechte gekränket werden, alſo erſagten Commiſſarium eines Theiles in der Ausübung ſeines Auftrages ſchützen, andern Theils aber auch ihme einbinden, weder einige Bittſchrift anzunehmen, oder ſonſtigen durch die Reichsgrundgeſetze und unſere Landesfürſtliche Verordnungen verbottenen Rekurs in weltlichen Sachen an- oder in andern weis nicht was unſern landesfürſtlichen Hoheitsbefugniſſen, und daraus flieſſenden juribus placiti nachtheiliges vorzunehmen, noch mit den nach den Schlüſſen des tridentiniſchen Kirchenraths und Conkordaten zur Nuntiatur ungeeigneten Fällen ſich abzugeben, und dadurch unnöthige

Be-

Beschwerden zu veranlaffen. Wobey Wir
euch in übrigen verbleiben. München den
5ten Nov. 1786.

An Churpfälzifche Regierungen &
wut. mutand. Jüllich- und Bergifchen geheimen Rath alfo ergangen.

*Venerabili Fratri Lothario Francisco Mogun-
tino S. R. E. Principi Electori.*

BENEDICTUS P. P. XIII.

Venerabilis Frater falutem &c. Quæ
affidue fufcipimus pro vindicanda facro-
rum Canonum difciplina moleftiffimas
curas, non leve fibi folatium adjungunt,
cum a fraternitate tua remedium ex-
fpectare debemus, atque in zelo juftitiæ-
que tua fiduciam collocamus. Quoni-
am igitur dilectus filius nofter Damianus
Hugo S. R. E. Cardinalis de Schœnborn
Episcopus fpirenfis queftus eft de nimia
facilitate curiæ tuæ metropolitanæ in ex-
cipi-

cipiendis fubditorum fuorum appellatio-
hibus, tamque ut in caufis presbytero-
rum Nicolai Henrici Wagner, Francisci
Henrici Hahn, Andreæ Hoffmann, Bern-
ardi Gœck, & Joannis Lambertz perfpi-
cuam faceret neceffaria ad nos documenta
transmifit.   Nos autem cum nihil, nifi
utraque parte audita decernere deceat,
fraternitati tuæ fedulo injungimus; ut
quidquid ad tuenda in caufis antedictis
acta & decreta episcopalis iftius curæ ido-
neum & oportunum reputaverit, ad nos
mittat.   Poft libratas enim excuffasque
partium rationes, quod æquum effe cen-
fuerimus, rite & ordine definiemus, cæ-
terum novit præ cæteris fraternitas tua
appellationes ad innocentium tutelam;
non ad reorum impunitatem effe inftitu-
tas, atque a facro Tridentino Confilio
plerisque in cafibus effe conftitutum, ne
appellationes recipiantur, nifi prius man-
datis